Kummerhummer
Wackeldackel
Stinkfink
Mogelvogel
Müffelbüffel

Für Finn und Leo

Umschlag: KW 43 BRANDDESIGN (Konzept), Oliver Hummel (Gestaltung)
unter Verwendung einer Illustration von Katharina Sieg
Satz und Repro: Franzis print & media GmbH, München
Druck: Stürtz GmbH, Würzburg
ISBN 978-3-468-21003-7
www.pingpong-welt.de

13011

Christian Noß

Die Tuschelmuscheln

Illustriert von Katharina Sieg

Langenscheidt
München · Wien

Die Tuschelmuscheln am Meeresgrunde
langweilen sich zu später Stunde:
Sie wollen noch nicht schlafen gehen,
sondern schöne Sachen sehen.

Muschel Meg meint: „Ach wie nett
wär' doch jetzt ein Quallenballett."
„Oder ein Xylophonkonzert
von Oktopus Otto mit Hai Bert",

wünscht sich Tuschelmuschel Tom
und seufzt dabei geräuschvoll rum.
Das hört die bunte Tiefseefee
und fragt: „Ist bei euch alles okay?"

„Nee!“, rufen die Tuschelmuscheln im Chor
und schauen neugierig hervor,
um zu sehen, wer das fragt.
Die schillernde Tiefseefee aber sagt:

„Dann kommt doch mit mir, wenn es euch gefällt,
ich zeig’ euch die seltensten Tiere der Welt.“
Doch Tom murrt: „Wir müssen nicht mit dir gehen,
denn wir haben hier schon alles gesehen.“

Die Fee aber will durch die Lüfte schweben:
„Wir werden dabei eine Menge erleben!“
Sie steckt sich die Muscheln zur Reise ins Haar,
die finden das ganz wunderbar.

Sie fliegen gerade mal eine Minute,
da zieht Muschel Mia schon eine Schnute.
„Du meine Güte, wieso riecht denn das hier
so fürchterbar schrecklich nach altem Bier?“

Die Fee muss lachen und zeigt nach unten,
schon ist sie elegant gesunken.
„Seht ihr die beiden dort hinten allein?“
„Du meinst den Vogel auf dem Schwein?“

„Liebe Mia, das ist keine Sau,
es ist ein Rind, ich seh es genau!
Man kann es nur mit Schnupfen besuchen.
Ansonsten müsste man ständig fluchen,

denn sein Geruch ist doch zu schlimm.“
„Aber der Vogel traut sich doch hin!“
„Ihr dürft an den beiden niemals schnüffeln,
denn das sind Stinkfink und sein Freund Müffelbüffel.“

Die Fee fliegt weiter, nur ein Stück,
da rufen die Muscheln: „Wir werden verrückt!
Was ist das für ein unglaublicher Krach,
da unten an dem winzigen Bach?

Die Fee hält an und muss fast schreien,
um lauter zu sein als der Lärm von den dreien,
die sich da unten versammelt haben,
um sich an ihren Geräuschen zu laben.

„Im Wasser die schrägen Blubbertöne
macht Zischfisch, eine Klangmuräne."
„Ach, sie tanzt und wirbelt dort so herum
und macht dieses Dubidi-dabidi-dum."

„Genau! Und seht ihr die Schlange dort im Geweih?
Das sind ihre Freunde, sie sind immer dabei.
Er röhrt, von ihr kommt das Geratter.
Das sind Knirschhirsch und die Knatternatter.

„Flieg mit uns weg von hier, bitte schnell,
diese Musik ist doch sehr speziell",
fleht Muschel Mia im Jammerton.
Die Fee fliegt flugs mit ihnen davon.

Die Muscheln sind hungrig, besonders Tom:
„Hättest du bitte ein wenig Plankton?“
„Du meinst dieses winzige Meeresgetier?
Das habe ich immer in Dosen bei mir.“

Die Fee reicht es hoch und muss sich dann kratzen,
sogleich ertönt ein wohliges Schmatzen.
Doch nicht nur von oben tönt es laut,
auch dort unten wird gekaut.

Ein Piepsen und Schnurren mischt sich ins Kauen.
Das woll’n sich die Muscheln genauer anschauen.
Die Tiefseefee schwebt darauf munter
zum Garten mit dem Geknurpse hinunter.

„Wer ist dieses Tier mit dem Fisch in der Tatze?"
„Das ist die hungrige Schmatzekatze."
„Und bei ihr im Käse so groß wie ein Haus?"
„Das ist ihre Freundin Schmausemaus."

Sie sitzen hier immer, ganz kugelrund
und schieben sich Fresserchen in den Mund.
Die zwei blicken kurz auf und winken,
bevor sie wieder im Essen versinken.

Die Fee winkt auch und fliegt dann weiter,
die Muscheln tuscheln munter und heiter,
da hör'n sie plötzlich ein Schluchzen und Wimmern.
Sie kommen ihm näher, es wird immer schlimmer.

Die Tiefseefee eilt jetzt. „Was kann denn das sein?",
fragt Muschel Mia ins Dunkel hinein.
„Es müssen zwei sein, die sehr traurig sind",
sagt die Fee und fliegt so schnell wie der Wind.

Sie landet auf einer Lichtung im Wald.
und steht vor einer kleinen Gestalt.
Man sieht Borsten, Rüssel und Ringelschwanz,
das zweite Wesen erkennt man nicht ganz.

Nur zwei Scheren schauen aus einer Wanne heraus.
Muschel Tom denkt: „Ei der Daus!“
Die Fee fragt freundlich: „Was ist hier geschehen?
So traurige Tiere hab’ ich lang nicht gesehen.“

„Wir haben grad hundert Mal verloren“,
sagt das Weinschwein mit Hängeohren.
„Und dabei bin ich doch kein Dummer!“,
ergänzt schluchzend der Kummerhummer.

„Hundert Mal, das ist aber viel,
sagt, was war denn das für ein Spiel?“,
fragt die Fee und lässt es sich zeigen.
Die Muscheln staunen dabei und schweigen.

Das Weinschwein geht vor und zieht hinter sich her
die Wanne mit Hummer, sie ist nicht sehr schwer.
Die Fee fliegt darüber, sie hat ’nen Verdacht,
wer den beiden das Leben schwer macht.

Das Schwein bleibt stehen an zwei Trauerweiden
und spricht: „Hier trafen wir die beiden
und haben Karten mit ihnen gespielt.“
Es scheint jetzt, als ob es vor Traurigkeit schielt.

Das Schwein, es klagt, der Hummer ächzt.
„Dabei spielen wir sonst doch gar nicht schlecht.“
Die Fee ruft streng zum Baum hinauf:
„He, ihr zwei, kommt doch mal raus!“

„Wen rufst du da?“, fragt Muschel Tom.
Und dann ertönt ein lautes Gebromm.
Dazu ein Flattern und Zwitschern, ein leichtes Surren.
„Ihr beiden braucht gar nicht so zu murren.

Darf ich euch vorstellen: Meist spielen sie allein,
denn Schummelhummel und Mogelvogel sind gemein.“
Die Tuschelmuscheln sind empört:
„Hat man so was schon gehört?“

Vom Baum tönt es: „Das ist echt nicht gerecht.
Nur weil wir schummeln, sind wir nicht schlecht.
Das Mogeln ist nämlich gar nicht so leicht.
Kommt her, dann zeigen wir's euch gleich.“

Der Mogelvogel zeigt stolz seine Tricks,
Hummer und Schwein lernen sehr fix.
Auch die Hummel kennt tolle Kniffe,
alle üben die schwierigsten Griffe.

Die Tiefseefee ist leicht irritiert
und wundert sich, was hier gerade passiert.
Muschel Meg schreit: „Wunderbar,
ich werde ein großer Schummelstar!“

„Mogelmeister will ich sein“,
ruft begeistert jetzt das Schwein.
Und es beginnt ein lustiges Fest
unterm Mogelvogelnest.

Die Tiefseefee zaubert flotte Musik,
die Muscheln wippen fröhlich mit.
Und der Schummelmogelrock
hat neue Gäste angelockt.

Saft und köstlichen Apfelstrudel
bringen Feiergeier und Jubelpudel.
Die Party beleuchten mit einer Fackel
Frohfloh und sein Freund Wackeldackel.

Noch mehr Leckereien schleppen dann
Schmausmaus und Schmatzekatze an.
Und einig sind sich alle Gäste:
Es ist das beste aller Feste.

Gegen Ende der Feier kommt von oben
ein wolkenweißes Schlafschaf geflogen.
Es landet zuerst beim Kummerhummer
und verwandelt ihn in einen Schlummerhummer.

Auch die anderen beginnen zu gähnen
und sich nach ihren Betten zu sehnen.
Nur das Weinschwein läuft hin und her
und sagt: „Ich bin es doch nun nicht mehr!“

Die Fee fragt: „Was bist du nicht mehr, liebes Schwein?“
„Na, ein Weinschwein. Und will es auch nicht mehr sein.
Aber wenn ich es nicht mehr bin, wer bin ich dann?
Werde ich Keinschwein sein irgendwann?“

Die Fee beruhigt das arme Tier:
„Die Tuschelmuscheln helfen dir.“
„Du kannst doch einfach ein Reimschwein sein,
Schweinereime finde ich fein.“

sagt Muschel Mia. Das Schwein ist erleichtert:
„Ja, ich werde Reimemeister!
Es strahlt jetzt über das ganze Gesicht.
„Und hier kommt schon mein erstes Gedicht:

Die Tuschelmuscheln vom Meeresgrunde
langweilten sich heute keine Sekunde.
Sie haben die seltensten Tiere gesehen
jetzt können sie ruhig schlafen gehen ...

… die Kuschelmuscheln.“

Die Muscheln sagen Gute Nacht
Wir reimen weiter, bis es kracht!

Errätst du, wie die Tiere heißen?

Gut geraten!

Fallen dir auch eigene Reimtiere ein?

Katharina Sieg wurde 1982 geboren und hat im Jahr 2011 ihr Diplom als Illustratorin an der Hochschule für angewandte Wissenschaften in Hamburg gemacht. Seitdem zeichnet sie am liebsten Bücher für Kinder und Postkarten für ihre Lieblingsstadt Hamburg.
Dort fährt sie gern mit der Fähre die Elbe rauf und runter, und danach gibt's ein Fischbrötchen auf die Hand.

Schummelhummel
Weinschwein
Jubelpudel
Schmausmaus
Knatternatter
Zischfisch
Knirschhirsch